JBK
JustBeKids

Created by
MALANDISWE MBATHA

Wenele

YOU ARE ENOUGH!

Just Be Kids

Written and Illustrated by Malandiswe S. Mbatha
ISBN **9 798408 642670**

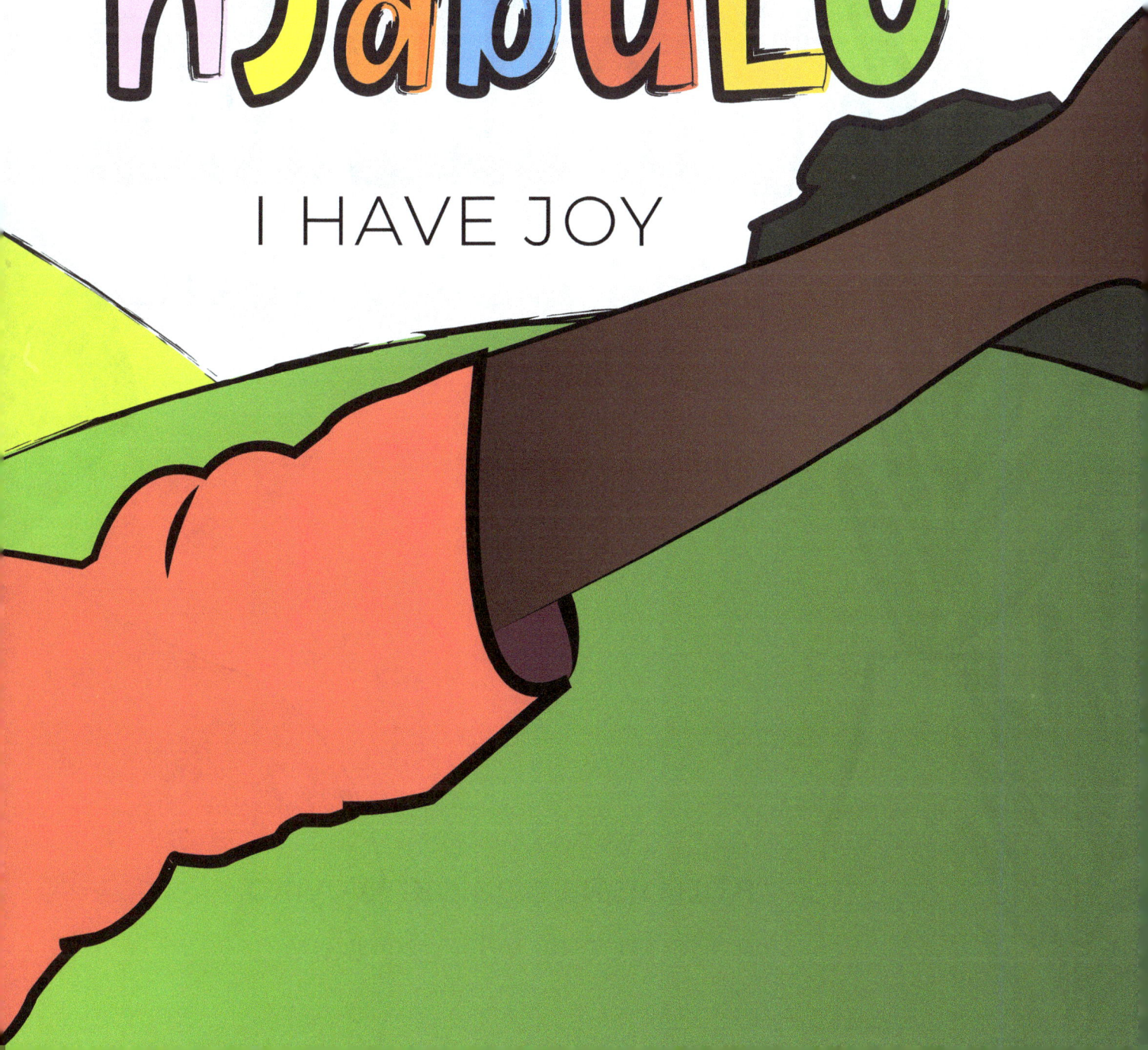

NGine nJabuLo

I HAVE JOY

nGi muhle

I AM BEAUTIFUL

Khululeka ngalokho oyiko.

Be free in who you are.

akeKho ofana nami

I AM UNIQUE

Khululeka ngalokho oyiko.

Be free in who you are.

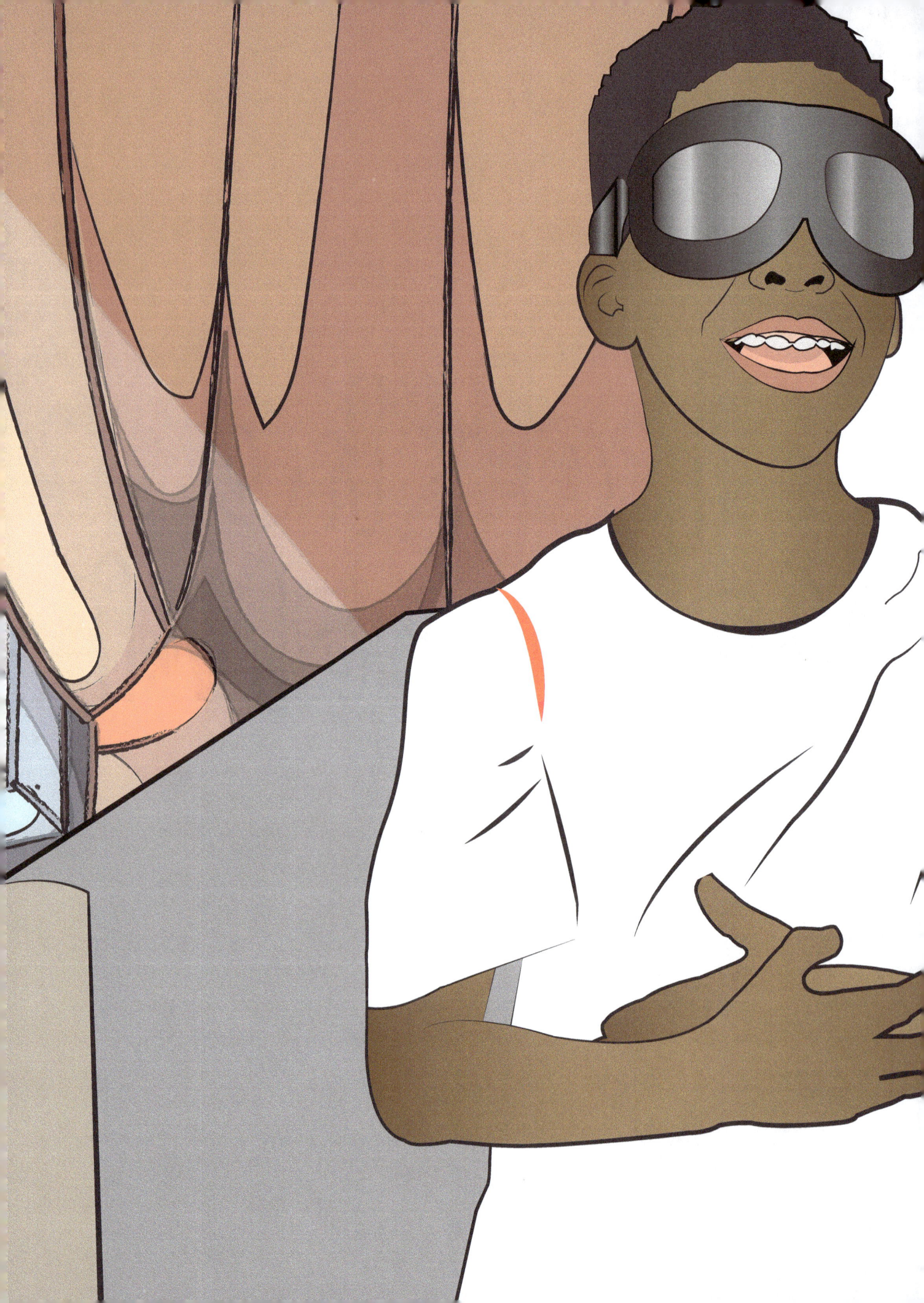

nGingenza noma yini

I CAN DO ANYTHING

anGeke nGiLimaZe mUntu

I WILL NOT HURT ANYBODY

nGikhethekiLe

I AM SPECIAL

Khululeka ngalokho oyiko.

Be free in who you are.

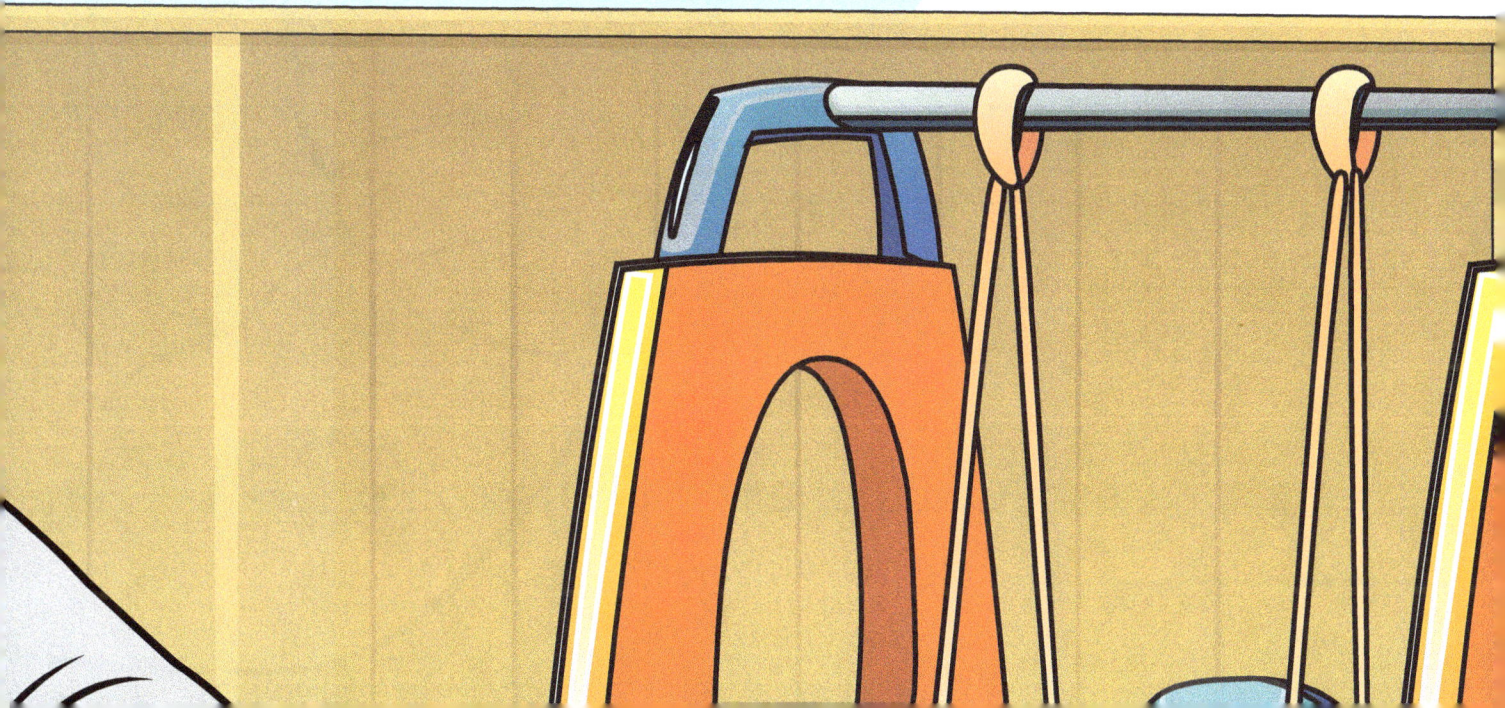

nGizi theMBiLe

I BELIEVE IN MYSELF

nGiYa zithanda

I LOVE MYSELF

Khululeka ngalokho oyiko.

Be free in who you are.

Khululeka ngalokho oyiko.
Be free in who you are.

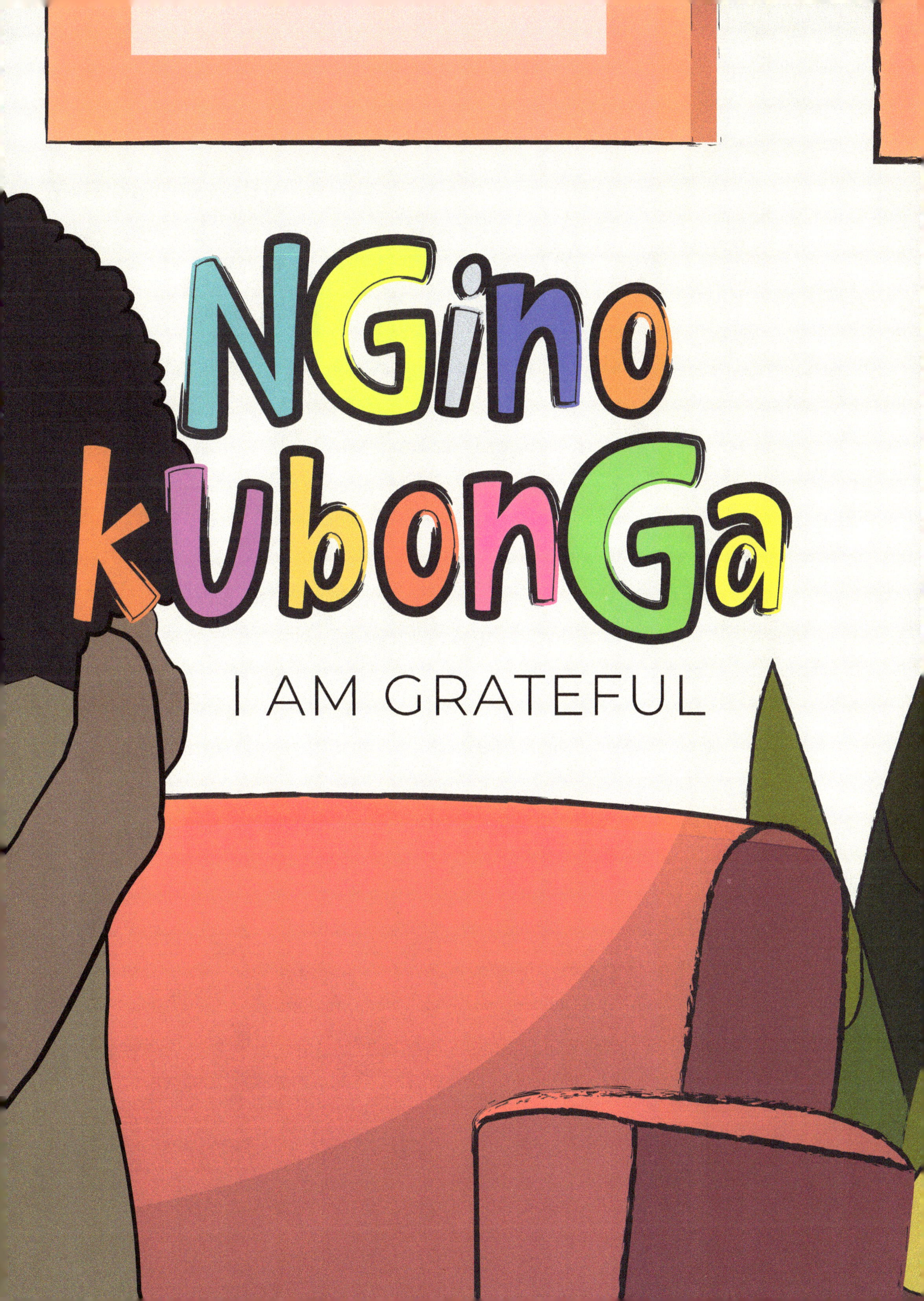

Ngino kubonga

I AM GRATEFUL

www.ingramcontent.com/pod-product-compliance
Lightning Source LLC
Chambersburg PA
CBHW081244020426
42331CB00013B/3290